LA
BOURGEOISIE

ET L'EMPIRE.

—

PARIS

DENTU, ÉDITEUR, GALERIE D'ORLÉANS.

—

1860

LA BOURGEOISIE

ET L'EMPIRE.

Vox populi, vox Dei.

On dit, dans quelques cercles étrangers, qu'en France, une grande partie de la Bourgeoisie boude l'Empereur et lui est même en secret systématiquement hostile ; que l'Empire n'est accepté que comme une transition dans le gouvernement du pays.

Il nous semble utile que cette question soit franchement et courageusement traitée, et qu'une voix parfaitement indépendante et sincère vienne faire entendre ce qu'elle croit être la vérité.

Ce qui, d'ordinaire, enlève presque toute influence aux discussions en faveur des gouvernements établis, c'est qu'on suppose toujours que leurs défenseurs ont un intérêt personnel à cette défense : les uns parce qu'on prétend qu'ils sont payés pour écrire, les autres parce qu'un mobile d'ambition les conduit, chez tous, enfin, on veut voir le salaire au bout de la plume.

Nous ne sommes ni salarié, ni ambitieux ; nous n'avons rien à demander au Pouvoir, ni rien à en attendre ; nous n'avons en outre aucune sorte de fanatisme ni politique, ni religieux et aucun lien ne nous attache aux choses du passé : nous appartenons, dans la classe des industriels, à la Bourgeoisie indépendante ; nous croyons donc être dans la meilleure des situations pour exprimer une opinion qui ne saurait laisser de prise sur sa sincérité.

Lorsque la commotion imprévue et violente de 1848 vint subitement faire table rase de toutes les institutions du pays, un seul sentiment surgit en France chez tous les esprits modérés : ce fut le besoin d'empêcher le triomphe complet du désordre moral et matériel par tous les moyens possibles.

C'était comme le débordement soudain d'un grand fleuve : il était inutile de songer à le faire rentrer dans son lit ; il fallait ouvrir des issues à l'exubérance de ses eaux et en guider le cours, autant que possible, en laissant au temps le soin de ramener le niveau normal.

Aussi on vit la Bourgeoisie s'appuyer sur tout ce qui semblait présenter une garantie quelconque d'ordre et de pacification, et soutenir sincèrement les hommes qui, comme Lamartine, Marie, Senart, Lamoricière et autres, étaient à ses yeux les représentants les meilleurs des idées dont elle désirait le triomphe.

Tout avait disparu dans le cataclysme de Février ; personne ne supposait possible le retour immédiat des princes d'Orléans, pas plus que celui des Bourbons de la branche aînée ; le mot de République effrayait les masses en se confondant trop aisément avec le fantôme de la Terreur; et pourtant beaucoup d'esprits raisonnables, en l'absence de toute autre chance, essayaient de se rattacher à la forme républicaine, et désiraient que le pays fût mis à même de faire un essai sérieux d'une République dont le premier décret avait été celui de l'abolition de la peine de mort, et qu'on voulait entourer de toutes les institutions de sagesse, de modération et de générosité que la civilisation moderne réclamait.

Ce sont ces idées qui expliquent la grande popularité qui s'attacha au nom du général Cavaignac, dans lequel on voyait un instrument énergique du retour à l'ordre matériel, et qui, par ses autres qualités, paraissait être en mesure de diriger d'une main ferme et consciencieuse la tentative d'un gouvernement républicain en France, dans les meilleures conditions d'honnêteté et de modération.

C'est bien là la signification des quinze cent

mille suffrages qui lui furent donnés, par la Bourgeoisie, pour la présidence de la République.

Mais un autre nom avait attiré les sympathies d'une grande majorité dans les masses, et ce fut celui de Louis-Napoléon qui sortit de l'urne du scrutin.

Pourquoi, dès le premier jour, ce nom n'a-t-il pas rallié l'unanimité des suffrages ?

Les causes en sont faciles à indiquer.

Le nom de Napoléon avait pour signification réelle l'Empire. Or, les souvenirs qui se rattachaient à l'Empire plaidaient peu favorablement auprès de la classe intelligente et libérale du pays, et surtout de la génération nouvelle, habituée à voir dans la période de 1800 à 1815, une sorte de mirage de batailles, de conquêtes, de gloire militaire, tandis que la liberté disparaissait de la scène, cachée derrière les lauriers, suivant le style de l'époque, et paralysée par les dures nécessités de la politique. Puis, à la tête de ce grand mouvement guerrier, apparaissait, presque en dehors des proportions humaines, l'image grandiose du Conquérant et du Législateur ; un géant de génie comme il en surgit dans les grandes phases de l'humanité, instrument puissant dont se sert la Providence au milieu des crises suprêmes des nations, mais qui dans l'esprit des peuples faisait plutôt l'effet d'un météore, dont l'éclat ne pouvait reparaître une seconde fois, et qui, en définitive, avait laissé des traces encore plus profondes par les entailles de son épée dans tous les coins de l'Europe, que par les bienfaits civilisateurs de la plume qui avait signé le Code Civil.

En un mot, l'Empire, c'était pour le plus grand nombre le symbole de la guerre, et c'est bien le sentiment auquel voulait répondre plus tard la parole célèbre si souvent répétée : L'Empire, c'est la paix.

L'impérialisme n'existait à ce moment ni à l'état bien compris de principe politique, ni à l'état de dogme à l'étude chez les penseurs ; c'était, pour une majorité peu instruite dans l'histoire véritable de l'Empire, une phase militaire glorieuse, mais entièrement incarnée dans la personnalité éblouissante qui avait disparu avec elle.

Et quel était pour cette même majorité celui qui, en 1848, semblait venir réclamer l'héritage impérial ?

En dehors du petit cercle d'amis dévoués qui avaient pu apprécier sa valeur réelle, Louis-Napoléon était en quelque sorte inconnu, ou plutôt n'était connu que par des actes dont les masses n'avaient pas compris le mobile. La foi profonde et audacieuse qui conduisait l'héritier de l'Empereur, alors qu'il tentait deux fois, au péril de sa vie, de renverser un ordre de choses réputé inébranlable, n'avait pas trouvé d'écho, parce qu'elle était en avance sur l'opinion du pays, qui ne lui a donné que plus tard une consécration éclatante.

On savait pourtant que le captif de Ham avait étudié sérieusement les problêmes de la science sociale, et que des lignes généreuses et savantes étaient souvent sorties de sa plume ; mais, au milieu du bouleversement des idées et des choses, on ne prenait guère le temps de rien approfondir. Le mot de Liberté était écrit partout, était sur toutes les devises ; on ne voulait voir dans le candidat à la présidence de la République, que le nom de Napoléon, et ce nom, tout grand et tout glorieux qu'il était, n'en inspirait pas moins des craintes aux amis de la Paix et de la Liberté.

Telles étaient les deux causes réelles qui éloignaient de Louis-Napoléon un grand nombre des suffrages de la Bourgeoisie.

Louis-Napoléon personnellement, c'était l'inconnu. Comme héritier de l'Empereur, c'était l'appréhension des idées guerrières, et il faut dire le mot, du despotisme, compagnon trop souvent habituel de la guerre ; car, lorsque la poudre parle, suivant l'expression des Indiens, elle parle si haut qu'on n'entend plus rien auprès d'elle.

Mais la voix des masses n'a point ratifié ces scrupules, et à trois reprises a acclamé le nom de Napoléon, d'abord comme président de la République, puis définitivement comme Empereur.

Le pays a solennellement déclaré que la République était incompatible avec ses idées et ses habitudes, et qu'il entendait résolument accepter le système impérial comme loi et base de ses institutions à l'avenir.

Nous voici bientôt en présence de dix années d'épreuve de ce système; c'est à coup sûr pour tout homme raisonnable un temps suffisant pour bien juger, et nous qui faisions partie de la minorité dans les scrutins qui ont proclamé le nom de Napoléon; nous qui ne l'avons accepté qu'avec une défiance profonde et un regret que nous croyions raisonné; nous qui avons suivi et étudié les actes de son gouvernement avec une certaine prévention involontaire, nous venons aujourd'hui élever la voix, pour dire bien haut avec la conviction donnée par l'expérience : Oui, le suffrage du pays a eu raison; oui, il a été bien inspiré, et nous acceptons franchement la situation; et tout bon citoyen, tout homme impartial qui voudra juger en laissant de côté les influences du passé ou les passions de l'avenir, et en appréciant froidement et sincèrement les choses, fera le même aveu que nous.

Essayons, en effet, le raisonnement dans ces conditions, en nous adressant tour à tour aux opinions politiques qui peuvent avoir encore de l'influence sur les diverses fractions du pays qui se rangent sous les bannières de la République, de l'Orléanisme ou de la Légitimité.

Nous laisserons de côté ce qu'on est convenu d'appeler le Socialisme. Ou ce mot veut dire l'étude de la science sociale qui cherche les meilleures combinaisons pratiques pour le bonheur de la société, et dans ce cas tous les partis sont ou veulent être socialistes ; ou il signifie la prétention par chaque minorité d'école d'appliquer immédiatement toutes ses théories, quelque exagérées et impraticables qu'elles puissent être, et alors c'est la confusion, le désordre et l'anarchie que tout esprit raisonnable doit repousser avec énergie.

Mais nous dirons aux partisans du système républicain, au nombre desquels une partie de la Bourgeoisie crut pouvoir se ranger en 1848 :

Vous ne pouvez pas vous abuser, le pays n'est pas mûr pour la forme pure républicaine ; l'expérience de 1848 a été décisive : ni les mœurs, ni les goûts, ni les habitudes ne s'y prêtent ; l'instruction publique est trop incomplète, la majo-

rité de la nation est incontestablement anti-répu-
blicaine.

Ce que pourra produire un jour la propaga-
tion de l'instruction dans les masses, c'est le
secret de l'avenir ; mais, quant au présent, la
cause est jugée et perdue.

Qu'y-a-il donc à faire? A travailler pacifi-
quement au progrès intellectuel de ces masses,
et à appuyer de toutes vos forces le système de
gouvernement qui consacre le mieux les bases de
vos principes, et en est en quelque sorte le gardien.

Qu'est-ce en effet que la République, sinon le
gouvernement du pays par le pays, c'est-à-dire le
gouvernement du suffrage universel, la seule
base solide de la démocratie ?

Or, l'Empire, constitué comme il l'est en ce
moment, est la consécration la plus éclatante de la
toute-puissance du suffage universel appliqué à
tous les degrés ; l'Empire n'est qu'une des formes
du système républicain.

C'est la Nation consultée toute entière qui a
donné aujourd'hui une délégation de sa souveraineté ; si vous êtes conséquents, il faut respecter
cette délégation et la soutenir , quelles que soient,
dans les temps actuels, les divergences d'opinions
sur la manière dont la délégation s'exécute. Le
principe est immuable : ce doit être pour vous
la sauvegarde de l'avenir.

Et quelle importance peuvent donc avoir au

fond ces divergences momentanées? On dit que dans les deux éléments qui doivent constituer le pouvoir public, la Liberté et l'Autorité, une prépondérance complète est donnée jusqu'à ce jour à l'Autorité aux dépens de la Liberté.

Mais est-il donc impossible d'admettre la sincérité et peut-être la nécessité d'un système qui prend pour première base l'affermissement complet de l'Ordre manifestement ébranlé par la commotion de 1848, avant d'établir cet équilibre désirable de la Liberté avec l'Autorité, et veut arriver ainsi au désarmement réel, et, par suite, à l'extinction des partis politiques qui pourraient avoir encore la force d'ébranler cet ordre public ?

Est-il donc si difficile de supporter une époque de transition indispensable aux yeux du dépositaire du pouvoir de la nation, avant d'arriver aux résultats que vous réclamez dès aujourd'hui ?

Car c'est bien là la seule objection qui puisse être faite : c'est une question de temps, puisque la Liberté a été solennellement promise. La vie d'un peuple ne se calcule pas comme celle d'un homme : quelques années ne sont rien à attendre, et le meilleur moyen de diminuer les délais de l'attente, c'est d'appuyer vigoureusement les efforts dont le résultat doit être d'arriver plus rapidement au but.

Est-il permis, d'ailleurs, d'élever une plainte sérieuse sur la nature de telle ou telle institution actuelle ? Au-dessus de son pouvoir, quelque étendu qu'il soit actuellement, l'Empire a placé la souveraineté du suffrage universel : c'est lui qui doit être le véritable gouvernement ; c'est à lui qu'il faut s'adresser quand il gouverne mal.

Instruisez, éclairez, moralisez : vous avez toute latitude, et ce doit être là votre véritable rôle ; puis appelez du suffrage universel ignorant au suffrage universel éclairé.

Tant que cet élément suprême de la démocratie sera à votre disposition, vous n'avez raisonnablement rien à réclamer ; quand la majorité de vos députés, de vos conseillers généraux, de vos conseillers d'arrondissement, de vos conseillers municipaux ; quand, en un mot, toutes les voix du suffrage universel appuieront fermement une mesure, soyez sûrs que cette mesure s'exécutera.

Ainsi donc, pour être conséquents avec vos principes, vous devez non-seulement respecter mais même encourager et soutenir l'institution de l'Empire.

Nous dirons, d'autre part, aux royalistes, soit de la branche cadette, soit de la branche aînée des Bourbons :

Il faut respecter toute croyance sincère, en

politique comme en religion. Il faut, dans tous les temps et dans toutes les circonstances, rendre justice à qui elle est due ; il faut rendre hommage à tous les bons sentiments de reconnaissance et d'affection, surtout quand ils ont pour objet ceux que la puissance et la fortune ont abandonnés. Le culte du malheur est un culte sacré.

Gardez donc religieusement vos souvenirs de respect ou de dévoûment aux représentants des royautés qui sont tombées : ce n'est pour vous que l'accomplissement d'un devoir, et personne n'a le droit de vous adresser un reproche à cet égard ; car la mémoire du cœur est une des meilleures qualités de l'homme et du citoyen .. Heureux ceux qui en sont l'objet !

Mais, à côté de la voix du cœur, il y a, sans parler de celle de la nécessité, la voix de la raison, qui doit souvent passer la première.

Si vous l'écoutez consciencieusement, que vous dit-elle ?

Elle vous dit que le premier besoin des sociétés, auquel satisfaction est due avant tout intérêt de dynastie, c'est le besoin de l'ordre public ;

Que l'ébranlement produit par la révolution inexplicable et inexpliquée de Février, a divisé encore davantage les partis, en augmentant leur nombre aux dépens de leur force.

Il y a vingt ans, on ne comptait comme partis

sérieux que les Orléanistes et les Légitimistes ; aujourd'hui il faut y ajouter les Bonapartistes, les Impérialistes, les Républicains modérés et exaltés, qui ne représentaient à cette époque que des fractions d'opinions trop minimes pour être acceptées comme partis, tandis qu'à cette heure, les événements sont venus tour à tour leur donner la force et le nombre qui leur manquaient.

Le Pouvoir actuel peut et sait tous les contenir, et l'ordre règne en France à un degré qui n'a jamais été surpassé.

Lequel des autres partis oserait promettre d'en faire autant ?

C'est une rude tâche, qui exige bien des éléments divers de force morale et matérielle. Or, nous ne saurions le contester, le principal est celui dont la source réside dans l'expression de la volonté populaire qui, par son vote, on peut dire unanime, a délégué des pouvoirs absolus à la main qui dirige aujourd'hui les destinées du pays. Quelle influence pourrait être mise en balance ?

Soyons francs, et reconnaissons, comme tout homme de bon sens doit le faire, que l'existence et la continuation de l'ordre public sont dans le maintien du Pouvoir qui nous gouverne, et qui a la force et la volonté de l'établir avant tout comme base de sa politique. Aucune garantie n'a manqué jusqu'à ce jour à la consécration de tous les principes qui règlent les sociétés bien ordonnées. Religion, famille, propriété, bienfaisance publique, tout en a reçu les gages les plus sérieux.

Aussi, amis ou ennemis de ce Pouvoir n'envisageraient en quelque sorte qu'avec terreur la possibilité d'un changement actuel de gouvernement. Qui de nous, en effet, ne s'est posé la question redoutable de savoir ce que deviendrait la France, et par quels cataclysmes il faudrait passer?

Les événements des dernières années sont trop extraordinaires pour avoir dépendu de la volonté ou de la main des hommes. — Vous n'avez rien pu, et vous ne pouvez rien pour les dynasties auxquelles vos affections ou vos opinions vous rattachent. Ce qui s'est passé est en dehors des voies de la sagesse humaine, de ses calculs et de ses précautions; et, sans admettre le fanatisme oriental, il faut bien néanmoins reconnaître dans le cours de ces événements une prédestination dont aucun parti ne pouvait prévoir les causes ni arrêter les effets.

On peut, suivant ses convictions, regretter les résultats, mais il faut savoir accepter les faits accomplis et aider même à leur accomplissement, quand on est forcé d'avouer qu'ils tendent évidemment à la satisfaction de l'intérêt général.

En définitive, avez-vous des moyens nouveaux pour empêcher le renouvellement de 1830 ou de 1848 ? Ne faut-il pas avouer que ces bouleversements ont eu lieu en dépit de toutes les précautions que la prudence des hommes pouvait inventer ?

Puisqu'un nouvel ordre de choses s'est établi malgré et en dehors de vous ; puisque, par une expérience de dix années, il offre au pays les garanties les plus sérieuses de force et de stabilité, n'est-il donc pas sage de l'accepter sans restrictions et d'en encourager tous les bons résultats, plutôt que de vouloir courir la chance à peu près certaine de nouvelles révolutions , sans rien fonder de durable?

Comment la prospérité commerciale, agricole, industrielle ou financière d'un pays , peut-elle faire des progrès, quand il a en perspective une révolution périodique tous les dix ou quinze ans?

Le moment est venu d'essayer les effets de la stabilité dans notre gouvernement, et l'Empire, basé sur la volonté si imposante du vote universel, est le seul terrain sur lequel toutes les nuances de partis peuvent raisonnablement en tenter l'épreuve.

Unissons-nous donc pour la tenter, sinon par l'influence du dévoûment ou de l'affection personnelle, s'ils restent engagés ailleurs, du moins par celle de l'intelligence, du raisonnement et du devoir.

Nous avons reçu d'ailleurs des gages suffisants

de la prudence, de la fermeté et de la haute intelligence de la main qui nous gouverne, et l'histoire des dix dernières années est assez éloquente pour se passer de commentaires.

Nous ne connaissions pas Louis-Napoléon, mais nous avons appris à connaître Napoléon III.

Aussi, hommes de tous les partis, politiques de toutes nuances, laissons de côté les passions, les souvenirs et les espérances; interrogeons froidement ces dix années, et, la main sur la conscience, sachons apprécier leur réponse.

Le pays n'a-t-il rien gagné à cette épreuve? La France n'est-elle pas aujourd'hui glorieuse et paisible?

Partisans ou adversaires de la forme actuelle du pouvoir ou de son représentant, nous sommes tous forcés de reconnaître que ce pouvoir a obtenu de grands résultats, et que ce représentant a constamment déployé les plus rares qualités qu'on puisse demander au chef d'une grande nation.

Nous avons commencé nous-même par le doute à son égard; mais il ne nous coûte point de faire aujourd'hui l'aveu que Napoléon III s'est montré digne du mandat que le pays lui a confié,

et que le suffrage universel a été heureusement inspiré quand il lui a donné ses millions de suffrages.

A l'intérieur, l'ordre a été raffermi et vigoureusement consolidé. Si cette tâche a entraîné l'emploi de moyens quelquefois douloureux et en dehors de nos idées habituelles sur la liberté individuelle, il faut savoir admettre les nécessités, même quand elles sont cruelles, lorsquelles sont justifiées par l'utilité du but général. Tous les pouvoirs naissants en ont eu besoin après l'ébranlement de leurs enfantements révolutionnaires. Sans en approuver le principe, il faut se résigner à les subir; d'ailleurs l'amnistie souveraine et sans restrictions qui est venue naguère réjouir tous les cœurs, a généreusement effacé les traces de ce pénible passé et prouvé que celui qui en a signé le décret avec tant de grandeur, n'avait pas été lui-même sans regretter profondément les mesures de la nécessité.

En résumé, le pays jouit aujourd'hui du calme le plus profond, et peut à l'aise se livrer à l'expansion de tous les progrès commerciaux, agricoles et industriels.

Chaque année a vu s'étendre la protection et les encouragements aux éléments de la fortune publique.

A l'industrie, stimulée par ces grandes exhibitions, fêtes pacifiques fondées sur tous les points du territoire, et par l'élan incroyable donné aux grands travaux publics.

Au commerce, par les travaux sérieux et incessants sur les lois de douanes, l'appui prêté aux grandes entreprises maritimes destinées à ouvrir de nouveaux et vastes débouchés, la création dans les grands centres de navigation de bassins, de docks et d'entrepôts.

A l'agriculture, réveillée de sa torpeur par une foule d'institutions utiles, par les fermes modèles, les comices agricoles, les concours, les expositions et les secours de tout genre.

A la propriété, rassurée par le calme de l'intérieur, par la fondation d'institutions de crédit spéciales.

En outre, industriels, agriculteurs, négociants ont été constamment l'objet d'encouragements personnels et de distinctions honorifiques qui attestent que le pouvoir voit bien dans le résultat de leurs efforts et de leurs travaux les sources vives et véritablement fécondes de la prospérité nationale.

La classe ouvrière a reçu, de son côté, les témoignages pratiques de l'intérêt tout particulier qui lui est porté. Les asiles créés pour la vieillesse de l'ouvrier et pour ses souffrances ; les fondations répétées des crèches et des salles d'asile pour son enfance ; les caisses de secours pour ses maladies et ses chômages ; les associa-

tions si utiles de tous les corps d'état pour prévoir les mauvais jours ; l'étude et la mise en
action de toutes ces institutions si éminemment
populaires tendent à démontrer clairement qu'en
definitive, l'Empereur est un socialiste de la meilleure école; car la recherche de l'amélioration matérielle du sort des classes pauvres est sans contre-
dit le chapitre le plus important du socialisme, et
personne ne pourrait se refuser à reconnaître que
jamais on n'a mieux réussi à en appliquer les théories
raisonnables que depuis les dix dernières années.

En présence de tous ces faits, il peut être permis de regretter à quelques points de vue le
régime parlementaire ; mais il faut bien avouer
que ses résultats pratiques n'ont point été com-
parables à ceux du système actuel, et l'on doit logi-
quement espérer qu'après la pacification complète
des esprits et des choses, lorsque la promesse
qui a été faite de couronner l'édifice par une part
plus large pour la liberté dans nos institutions
politiques, aura été réalisée, le régime de l'Empire actuel aura conquis à l'intérieur sur tous les
régimes passés une supériorité que personne ne
pourra plus contester.

Et si maintenant nous voulons considérer comment la politique impériale a gouverné les affaires
de la France à l'extérieur, il n'y a plus qu'une
voix, ou plutôt une acclamation qu'on peut dire
universelle, pour en constater les glorieux effets.

Un des reproches les plus violents faits par les oppositions aux gouvernements de la Royauté depuis 1815 , était justement fondé sur l'abaissement de l'influence et de la grandeur de la France à l'étranger, qui avaient été sacrifiées aux besoins et aux nécessités pacifiques, plutôt, il faut le dire, dans l'intérêt des dynasties que dans celui du pays.

C'était le temps où l'on ne craignait pas de dire tout haut qu'il serait aisé de faire passer le gouvernement français à travers le trou d'une aiguille.

Dix années ont bien changé les choses, et nous avons devant les yeux un autre tableau de nature à réjouir et à exalter tous les cœurs patriotiques.

La France, on peut le dire avec orgueil, est devenue la première nation du monde. Si elle occupait déjà ce rang dans le royaume de l'intelligence, des arts et des sciences, elle a conquis aujourd'hui celui de la plus puissante et de la plus sage des nations. Rien ne saurait plus contrebalancer le poids de ses armes ou de ses conseils dans les délibérations des gouvernements. Ses soldats sont reconnus les premiers soldats du monde ; ses armées et ses flottes sont désormais les arbitres les plus influents des destinées des autres peuples, et son nom respecté est définitivement inscrit en tête de la liste des nations. Tous ce qui est grand et juste, tout ce qui est noble et généreux, partout on s'attend maintenant à le voir sortir des plis de son glorieux drapeaux.

Et comment ce résultat grandiose a-t-il été obtenu ? Est-ce par la voie des agressions ou des conquêtes ? Est-ce par celle d'une politique violente ou injuste ? Est-ce par le seul emploi des moyens immoraux de la force matérielle ?

Non. Amis et ennemis le reconnaissent : c'est par la politique de la justice et de la modération, par celle de la fermeté des vues et de la confiance dans le pays ; par l'emploi énergique de la valeur militaire de ses enfants quand il a fallu nécessairement y recourir, mais en sachant toujours l'arrêter même au milieu de ses triomphes, quand il fallait donner la preuve de la bonne foi et de la modération de ses intentions.

A deux fois, cette preuve a été donnée à l'Europe d'une façon éclatante ; deux fois pour la donner, l'épée victorieuse de la France a été remise au fourreau au moment même de l'enivrement de la victoire. Rare exemple chez un souverain tout puissant et qui peut agir en quelque sorte sans contrôle ; témoignage sans conteste de la sagesse de son esprit, et qui devrait suffire, au-dedans comme au-dehors, à porter la conviction de la sincérité de ses intentions et de ses actes.

Point de conquêtes, point d'envahissements, point d'attaques au droit d'autrui ; mais résistance aux ambitions trop grandes, juste fierté de l'honneur national, et défense de la cause des faibles, quand les résultats touchent évidemment aux intérêts généraux de la France, de l'humanité et de la justice.

C'est une grande et féconde politique qui convient en tous points à la France ; par elle, les adversaires de la veille deviennent des amis ou des alliés sérieux du lendemain ; les grandes contestations s'effacent et les petites deviennent impossibles.

En résumé, c'est le meilleur gage de la paix, non pas d'un jour, mais de la paix solide et prolongée, basée sur la certitude d'un échec pour quiconque voudrait chercher à la rompre.

Une décision toute récente due à l'initiative impériale vient encore donner un témoignage de sa ferme volonté d'encourager tous les efforts du pays à profiter des bienfaits d'une paix qui n'a plus besoin d'être appuyée sur l'épreuve désormais incontestée de la supériorité de la force matérielle.

Quels que puissent être les embarras momentanés et transitoires d'un petit nombre d'industries, car tout progrès public est accompagné d'une blessure à un intérêt privé, la révolution économique qui vient d'être courageusement proclamée par la lettre de l'Empereur, au sujet des tarifs douaniers, produira des résultats féconds pour l'intérêt général et le bien-être des masses.

Elle servira en outre par l'enchevêtrement de plus en plus compliqué des intérêts commerciaux des diverses nations, et les nécessités de plus en plus impérieuses de leurs relations d'échanges, à cimenter d'une façon si serrée les éléments de la paix entre elles, que la guerre deviendra en quelque sorte une impossibilité.

C'est bien là remplir une des meilleures conditions du programme qui a dit que l'Empire c'était la paix

Nous sommes donc tous d'accord pour applaudir chaleureusement au fruit des œuvres de Napoléon III ; c'est bien par lui que la France a repris glorieusement sa place, et sa politique de bonne foi et de générosité a été, en même temps, un témoignage d'habileté, de vigueur et de courage personnel. Si nous voulons prêter un instant l'oreille à ce qui se dit au dehors à ce sujet, ce que nous entendrons de toutes parts sera de nature à satisfaire le plus légitime orgueil national.

Ainsi, régénération et grandeur au dehors, paix et progrès au dedans, voilà jusqu'à ce jour les fruits du régime de l'Empire ; et que faut-il donc pour que ces progrès prennent des proportions encore plus complètes, et que l'édifice ne reçoive son couronnement, ainsi que la promesse en a été faite? Que faut-il pour que, par l'union si désirable de la Liberté et de l'Autorité, nous arrivions à voir notre pays dans un état de prospérité morale et matérielle qui devra faire l'envie des autres nations?

Il faut cesser de songer au passé et ne regarder que l'avenir.

Il faut donner à la main qui nous gouverne un appui sincère et sans arrière-pensée.

Il faut se dépouiller courageusement de ce vieil esprit d'opposition qui n'a plus de raison d'exister.

Il faut accepter l'expérience des dix années que nous venons de traverser, comme un gage des progrès dans les années futures, et travailler chacun dans sa sphère, non plus au dénigrement ou à l'amoindrissement, mais à la consolidation et à l'agrandissement du pouvoir qui remplit le mandat du suffrage universel.

Il n'est personne, en réalité, qui ne dise de l'Empereur : — c'est une organisation supérieure comme intelligence et comme énergie; c'est un habile et profond politique bien au-dessus des souverains qu'il a remplacés ; c'est un cœur à inspirations généreuses ; c'est un caractère intrépide ; c'est une tête qui a la foi ou plutôt le fanatisme de ses opinions.

Eh bien! pourquoi refuser d'admettre que ce

fanatisme puisse être celui de la prospérité et de la grandeur de la France, puisque nous en avons déjà des gages ? Et alors toutes ces grandes qualités mises au service d'une si belle cause deviennent des garanties que le but devra être atteint.

Nous ne sommes point une nation en décadence; la sève est, au contraire, chez nous plus puissante que jamais, les progrès de l'avenir dépendent de nous-mêmes.

On l'a dit avec raison : un corps politique est sujet à des convulsions qui l'ébranlent, à des langueurs qui le consument, à des accès qui, du transport, le font tomber dans l'accablement ; mais aucun de ces accidents n'est mortel : on voit les nations se relever des plus terribles chûtes, revenir de l'état le plus désespéré, et après les crises les plus violentes, se rétablir avec plus de force et de vigueur que jamais.

Leur décadence n'est donc pas marquée comme l'est pour nous le déclin des ans ; leur vieillesse est une chimère, et l'espérance qui soutient le courage peut s'étendre aussi loin qu'on veut.

Ainsi donc, point de défaillances ; mais, au contraire, confiance raisonnée dans le système et la main qui nous gouvernent.

Nous avons essayé assez de révolutions. Où leurs résultats nous ont-ils conduits ?

Essayons aujourd'hui la persévérance et la conservation.

Si rien n'est parfait sur la terre ; s'il est impossible qu'un régime quelconque satisfasse tous les goûts, toutes les théories, toutes les aspirations, toutes les espérances, il est incontestable que celui sous lequel nous vivons, possède, même pour les esprits prévenus, des éléments certains de prospérité actuelle et d'améliorations futures que le pays, grâce aux grandes institutions du suffrage universel, sera toujours à même d'obtenir quand il les voudra sérieusement.

Non-seulement la France a tout ce qu'il faut pour être la plus grande parmi les nations par ses soldats, ses artistes et ses littérateurs ; mais, elle doit l'être aussi par ses industriels, ses négociants et ses travailleurs ; il ne leur manque ni le génie, ni l'intelligence, ni le goût, ni l'habileté manuelle, mais bien le calme et le repos prolongé, indispensable à leurs conceptions et à leurs travaux.

Donnons-lui un siècle de tranquillité publique, et nul ne peut calculer quel sera alors le développement de ses richesses.

Depuis quatre-vingts ans, nous n'avons marché que de commotions en commotions ; les stériles agitations de la rue, et on pourrait peut-être à bon droit devoir y joindre, au même titre, celles plus élevées de la tribune et de la presse, ont constamment paralysé les efforts de nos capitaux et de notre travail. Si ces agitations, inévitables résultats de la grande et féconde rénovation de 89, ont produit des effets précieux dans l'ordre moral, personne ne peut nier qu'elles n'aient été dangereuse pour les intérêts matériels; l'industrie surtout, ainsi que les opérations du haut commerce, ne peuvent vivre qu'en s'appuyant sur le crédit et le capital, et le repos intérieur est la première nécessité de l'expansion du crédit et du capital.

Que pourrions-nous vouloir désormais ramener à la place de ce qui est, sinon ce qui a déjà été et qui a succombé sous l'épreuve ?

Acceptons donc franchement et résolument la situation politique que la Providence a donnée au pays. Nous disons à bon droit la Providence, car dans tous les événements des dernières années, jamais l'axiôme qui dit que l'homme s'agite mais Dieu le mène, n'a reçu une plus éclatante démonstration.

Mettons fin à cet esprit d'instabilité que les étrangers nous adressent, et prouvons que nous pouvons être des citoyens sérieux.

Il n'est certainement pas un esprit raisonnable qui songe, même en rêve, à un changement actuel de la forme gouvernementale ; chacun reconnaît que ce serait un danger tel, qu'on n'oserait y réfléchir ; mais ce n'est pas assez de supporter le présent, soit comme pis-aller, soit comme transition, il faut avoir le courage et la raison de renoncer aux vagues idées d'un futur incertain et sans définition positive.

Prenons donc pour devise : Union et confiance. Appuyons sincèrement l'Empereur dans les efforts qui ont pour but le bien et l'amélioration du pays. Ne soyons plus ni orléanistes, ni légitimistes, ni républicains, ni même bonapartistes, si on le veut ; soyons seulement amis de notre pays, et travaillons d'accord à son bonheur.

Or, d'une part, le système de l'Empire est celui qui offre le plus de chances pour réunir, à un moment donné, les plus infaillibles leviers de l'ordre et du progrès moral et matériel : l'Autorité et la Liberté.

D'autre part, le dépositaire du pouvoir national déploie un assemblage de qualités de premier ordre si rare chez un souverain, que ce serait faire acte de mauvais citoyen, que de ne pas chercher à profiter de pareils éléments, et à les soutenir d'un concours sans réserve.

Toute hostilité devient presque un crime; toute bouderie n'est plus qu'une faiblesse.

Pour notre part, la conviction est mure aujou-d'hui dans notre esprit, et nous voudrions pouvoir la faire pénétrer dans tous les autres, et cette conviction la voici :

Les institutions de l'Empire, votées par le suffrage universel, nous offrent les meilleures garanties de tranquillité, de prospérité intérieure et extérieure, et de progrès de tout genre, puisque nous tenons la clef qui doit leur donner issue chaque fois que la nécessité en sera reconnue.

Les destins du pays sont en bonnes mains, et il faut prier la Providence de les y conserver longtemps ; car c'est aujourd'hui dans l'Empereur que réside la fortune de la France, et tout bon citoyen lui doit son concours.

En écrivant ces lignes, nous ne sommes d'ailleurs que l'écho de l'opinion publique, elles sont en outre l'expression réfléchie d'une foi profonde, libre et indépendante de toute influence autre que celle de la raison et du bon sens.

Oui, nous croyons que la voix du peuple a bien été la voix de Dieu qui protége la France.

E. CHÉROT,

Filateur à Nantes.

NANTES, IMP. MERSON.